ESCRIME

A

LA BAYONNETTE,

PAR

LE CAPITAINE CHATIN.

La bayonnette est l'arme du brave.

PARIS,

LIBRAIRIE MILITAIRE DE BLOT,

Quai de la Grève, 58, près de la place de l'Hôtel-de-Ville.

1854

ESCRIME A LA BAYONNETTE

ESCRIME

A

LA BAYONNETTE,

PAR

LE CAPITAINE **CHATIN**.

La bayonnette est l'arme du brave.

PARIS,

LIBRAIRIE MILITAIRE DE **BLOT**,

Quai de la Grève, 58, près de la place de l'Hôtel-de-Ville.

1854

Paris. — BÉAULT et Cᵉ, 10, r. Jacques de-Brosse.

AVANT-PROPOS.

—

L'escrime à la bayonnette, telle qu'elle
a été pratiquée jusqu'à ce jour, n'était
point une escrime; le soldat agitant, son
arme dans le vide, n'exécutait en réalité
qu'un simple exercice gymnastique.

Le nouveau système d'instruction conserve et développe ce précieux auxiliaire;

l'emploi de la bayonnette en gutta-per-cha rend cette escrime vraie, facile et toujours fort attrayante pour des hommes jeunes et vigoureux. A l'abri du danger de se blesser entr'eux, ils déploient tout ce que la nature leur a donné d'agilité, de finesse dans l'œil et de prestesse dans la main.

En face d'un maître muni d'une arme pareille à la sienne, l'élève apprend à se bien placer en garde, à diriger ses coups et à parer ceux qu'on lui porte.

En présence d'un adversaire, mettant

en jeu toute sa ruse et toute son adresse, tantôt il l'attaque franchement par un coup habilement porté, tantôt il feint de le menacer sur un point pour le mieux frapper sur un autre.

De fréquents assauts, deux à deux, stimulent leur amour propre et leur donnent de la vivacité dans l'œil et les mouvements.

Des charges par peloton, simulant des combats sérieux, leur apprennent à attaquer résolument leur ennemi pour le mettre promptement hors de combat.

Quelques engagements avec un cava-

lier, armé d'un sabre ou d'une lance préparés comme les bayonnettes, habituent
le fantassin au sang-froid devant la charge
impétueuse de son adversaire, et le fami-
liarisent avec les moyens d'attaque et de
défense.

Le soldat acquiert ainsi une grande habileté dans le maniement de l'arme puis-
sante qu'il a entre les mains, et y puise la
confiance qui donne le succès.

ESCRIME

A LA

BAYONNETTE.

DIVISION.

1. L'escrime à la bayonnette comprend deux parties distinctes : la leçon figurative et la leçon au plastron.

2. La première partie est divisée en six leçons : la deuxième est la répétition de la première sur le plastron.

3. Les trois premières leçons renferment les mouvements simples ; les trois dernières, les mouvements composés.

PREMIÈRE PARTIE.

PREMIÈRE LEÇON.

Garde et Mouvements des jambes.

Garde du fantassin.
Développement.
Face à droite (ou à gauche).
Demi-tour à droite (ou à gauche).
Un pas en avant.
Un pas en arrière.
Un pas à droite (ou à gauche).
Double-passe en avant.
Double-passe en arrière.
Saut en arrière.

DEUXIÈME LEÇON.

Parades.

Parade de tierce.	Parade de seconde.
Parade de quarte.	Parade de crosse.
Parade de prime.	Parade de corps et tête.

TROISIÈME LEÇON.

Coups.

Allongement.	Coup de prime.
Glissé de l'arme.	Coup de seconde.
Coup lancé.	Coup de crosse.
Coup de tierce.	Coup raccourci.
Coup de quarte.	Coup de mêlée.

QUATRIÈME LEÇON.
Parades et ripostes.

CINQUIÈME LEÇON.

Mouvement en avant, un coup.
Mouvement en arrière, une parade.

SIXIÈME LEÇON.

Mouvement en avant, coup et parade.
Mouvement en arrière, parade et riposte.

DEUXIÈME PARTIE.

—

Répétition au plastron des leçons précédentes.

PREMIÈRE PARTIE.

LEÇON FIGURATIVE.

MOUVEMENTS PRÉLIMINAIRES.

4. La première partie est démontrée à huit ou dix hommes placés sur deux rangs en quinconce : à cet effet l'instructeur, ayant porté le second rang à quatre pas en arrière, commande :

> 1. *Par le flanc gauche à quatre pas prenez vos intervalles.*
>
> 2. *Pas accéléré*—MARCHE.

5. A ce commandement le n° 1 du premier rang ne bougé pas; le n° 1 du second rang prend deux pas, tous les autres font à gauche et prennent quatre pas d'intervalle : chaque homme s'arrête et fait front.

NOTA. — A la leçon figurative comme à la leçon au plastron il est préférable que les hommes soient sans équipement.

6. Pour faire serrer les rangs et les intervalles l'instructeur commande :

> **1.** *Rassemblement sur le* n° 1 (2 ou 3), *du premier rang.*
>
> **2.** *Pas accéléré*—MARCHE.

7. Si les hommes étaient sur trois ou quatre rangs, le troisième rang se placerait comme le premier; le quatrième, comme le second.

8. Lorsqu'on ne doit exécuter que les coups et parades, sans faire agir les jambes, on peut placer les hommes à deux pas d'intervalle.

9. Les commandements généraux d'exécution sont : *Arme*, pour les mouvements des bras : *Marche*, pour les mouvements des jambes et pour les mouvements mixtes (jambes et bras réunis).

10. L'instructeur, placé devant les hommes qu'il instruit, explique le mouvement, l'exécute lui-même lentement, d'abord face aux hommes, puis placé dans le même sens qu'eux ; il fait répéter le mouvement par chaque homme séparément, s'assure de la régularité de la position et commande : *en garde.*

L'instructeur fait ensuite exécuter le mouvement à son commandement par tous les hommes à la fois, il exige qu'ils comptent les mouvements successifs à haute voix, par : **un**, *deux*, *trois*, etc., afin de les habituer à la cadence et de fixer leur attention. Ils reprennent alors d'eux-mêmes la position de la garde.

NOTA. *Le petit chiffre placé en face de chaque mouvement indique le nombre à compter.*

PREMIÈRE LEÇON.

MOUVEMENTS SIMPLES.

11. Les hommes étant au port d'armes de sous-officier l'instructeur commande :

    1. **Garde du fantassin** (fig. 1re).

    2. *Prenez*—GARDE.

12. Élever un peu l'arme avec la main droite, rentrer légèrement la pointe du pied gauche, porter le pied droit à environ 50 c. en arrière, suivant la taille de l'homme, et à 5 c. en dehors de la ligne du talon gauche, le corps droit et d'aplomb sur les deux jambes fortement ployées ; abattre en même temps l'arme dans la main gauche ; la platine en dessus, le poignet droit à la hanche, le chien à hauteur et à 2 c. en avant du nombril, la pointe de la bayonnette à hauteur de l'œil.

13. L'instructeur exigera que les jambes soient fortement ployées, les hommes tirant de cette position toute leur élasticité pour se porter rapidement en avant ou en arrière.

14. Au commandement de : *Portez vos armes*, les hommes redressent leur arme dans le bras droit, et rapportent le pied droit à côté du gauche qu'ils ouvrent un peu.

15. Au commandement de : *Repos*, ils rapportent le pied droit à côté du gauche et posent la crosse à terre.

16. L'instructeur, voulant faire reprendre la position commande :

1. *Garde à vous*—PELOTON.

¹ 2. *Reprenez*—GARDE.

17. A ce commandement faire sauter l'arme dans la main gauche qui la saisit à la capucine, la main à hauteur du téton droit, saisir en même temps l'arme à la poignée avec la main droite, prendre la position de la garde.

Développement. (Fig. 2.)

² *Développez*—MARCHE.

18. Avancer vivement le pied gauche à environ 30 c., la jambe gauche verticale, le jarret droit tendu, le pied droit à plat sur le sol, le corps droit.

EN GARDE.

19. A ce commandement ramener vivement les bras et les jambes à la position de la garde.

1. *Face à droite* (ou *à gauche*).

¹ 2. A DROITE (*ou* A GAUCHE).

20. Tourner sur le talon gauche en élevant un peu la pointe du pied gauche, faire face à droite (ou à gauche), porter en même temps le pied droit à 50 c. en arrière.

1. *Demi-tour à droite* (ou *à gauche*).

¹ 2. A DROITE (*ou* A GAUCHE).

21. Tourner à droite (ou à gauche) sur le talon gauche en élevant un peu la pointe du pied gauche, faire face en arrière sans déranger la position de l'arme, et rapporter le pied droit en arrière à 50 c. du gauche.

² 1. *Un pas en avant*—MARCHE.

22 Porter le pied gauche à 15 c. en avant, faire suivre aussitôt le droit à sa distance.

2 1. *Un pas en arrière*—MARCHE.

23. Rompre du pied droit à 15 c. en arrière, rapprocher le gauche à sa distance.

2 1. *Un pas à droite*—MARCHE.

24. Porter le pied droit à 15 c. à droite sur la même ligne, amener aussitôt le pied gauche à sa position.

2 1. *Un pas à gauche*—MARCHE.

25. Porter le pied gauche à 15 c. à gauche sur la même ligne, ramener aussitôt le pied droit à sa place.

2 1. *Double passe en avant*—MARCHE.

26. Jeter le pied droit à 33 c. en avant du gauche, porter vivement le pied gauche à 50 c. en avant du droit en conservant la garde.

2 1. *Double passe en arrière*—MARCHE.

27. Jeter le pied gauche à 33 c. en arrière du droit, rapporter vivement le pied droit à 50 c. en arrière du gauche, en conservant la garde.

1 1. *Saut en arrière*—MARCHE.

28. Porter le poids du corps sur la jambe gauche, prendre un élan sur le sol, sauter en arrière des deux pieds aussi loin que possible, conserver la garde.

NOTA. *Tous ces mouvements doivent être exécutés avec une grande vivacité et une vitesse progressive.*

DEUXIÈME LEÇON.

29. A l'escrime à la bayonnette, quoique les hommes aient le pied et la main gauches en avant et qu'ils soient effacés à droite, ils sont considérés comme droitiers, parce que le main droite dirige l'arme et que la gauche n'est qu'un auxiliaire.

30. Le fantassin est engagé en tierce lorsque son arme touche la partie droite de celle de son adversaire ; il pare tierce, lorsqu'il jette à sa droite l'arme de cet adversaire.

31. Le fantassin est engagé en quarte lorsque son arme touche la partie gauche de celle de son adversaire ; il pare quarte, lorsqu'il jette à sa gauche l'arme de cet adversaire. Dans la ligne basse, la parade de prime correspond à celle de quarte ; la parade de seconde, à celle de tierce.

> [2] 1. *Tierce parez*—ARME (fig. 3).

32. Faire une opposition de fer de 15 c. à droite, sans déranger la main droite.

> [2] 1. *Quarte parez*—ARME (fig. 4).

33. Faire une opposition de fer de 15 c. à gauche, en avançant légèrement la main droite.

> [2] 1. *Prime parez*—ARME (fig. 5).

34. Tourner rapidement la baguette en-dessus, décrire un demi-cercle de haut en bas pour chasser l'arme de l'adversaire en dehors de la ligne du genou gauche ; rapprocher

le coude gauche du corps, la main droite à hauteur du front, vis-à-vis et à 15 c. de l'œil droit.

2 **1.** *Seconde parez—*ARME (fig. 6).

35. Tourner rapidement la baguette en dessus, décrire un demi-cercle de haut en bas pour chasser l'arme de l'adversaire en dehors de la ligne du genou droit sans déranger la main gauche, le coude gauche appuyé sur la partie gauche de la poitrine, la main droite à hauteur de l'œil, vis-à-vis l'épaule droite.

4 **1.** *De crosse parez—*ARME (fig. 7).

36. Tendre le jarret droit, relever vivement l'arme verticalement vis-à-vis le milieu du corps, la platine en avant, le bras droit presque allongé, le pouce de la main gauche à hauteur de la ligne des épaules, faire une opposition en quarte et une en tierce.

5 **1.** *Corps et tête parez—*ARME (fig. 8 et 9).

37. Rapprocher vivement la main gauche de la hanche gauche, avancer la main droite, placer l'arme horizontalement devant le corps en l'abaissant jusqu'au bas-ventre, le canon en dessus; la relever aussitôt à hauteur du sommet de la coiffure, le canon en dessous, les doigts de la main gauche ployés.

TROISIÈME LEÇON.

COUPS.

1. Allongement (fig. 10).
2 *Allongez—*ARME.

38. Lancer vivement l'arme dans la direction de la poitrine de l'adversaire, en allongeant les bras, le plat de la crosse sous l'avant-bras droit, tendre le jarret droit.

1. **Glissé de l'Arme** (fig. 11).

² 2. *Glissez*—ARME.

39. Lancer vivement l'arme dans la direction de la poitrine de l'adversaire de toute l'extension du bras droit, l'arme glissant dans la main gauche jusqu'à la sousgarde, le plat de la crosse sous l'avant-bras droit, tendre le jarret droit.

40 (*fig. 12*). On peut, avant de lancer l'arme, la retirer plus ou moins en arrière avec la main droite, la main gauche accompagnant l'arme ou s'ouvrant pour la laisser glisser ; on lui donne ainsi une impulsion plus vigoureuse.

1. **Coup lancé** (fig. 13).

¹ 2. *Lancez*—ARME.

41. Lancer vivement l'arme à son adversaire de toute l'extension du bras droit, le plat de la crosse sous l'avantbras droit, la main gauche prête à recevoir l'arme, reprendre vivement la garde.

² 1. *Tierce pointez*—ARME (fig. 14).

42. Allonger vivement le bras gauche en dirigeant la pointe de la bayonnette sur le téton gauche de l'adversaire, relever en même temps l'arme à hauteur et à 10 c. de la figure, en tournant la sous-garde en dessus, la crosse sur l'avant-bras droit, tendre le jarret droit.

² 1. *Quarte pointez*—ARME (fig. 15).

43. Diriger vivement la pointe de la bayonnette sur la

poitrine de l'adversaire, en tournant la platine en dessous et plaçant l'arme sous le bras gauche, laisser glisser l'arme dans la main gauche jusque sur la contre-platine, la main droite restant à la poignée, tendre le jarret droit.

44 (*fig.* 15 *bis*). Le coup porté en prime peut être avantageusement paré avec la crosse et l'on riposte par le coup de quarte ; les chasseurs à pied, par un coup d'estoc ou de taille.

2 **1.** *Prime pointez*—ARME.

45. Comme le coup de quarte, excepté que la pointe de la bayonnette sera dirigée sur le ventre de l'adversaire.

2 **1.** *Seconde pointez*—ARME.

46. Comme le coup de tierce, excepté que la pointe de la bayonnette sera dirigée sur le ventre de l'adversaire.

3 **1.** *De crosse frappez*—ARME (fig. 16).

47. Allonger vivement le bras droit de toute sa longueur, redresser l'arme avec la main gauche qui reste à 20 c. de la poitrine, tendre le jarret droit, frapper l'adversaire dans le bas-ventre avec la crosse, puis sur la figure avec le bois, en imprimant un mouvement de bascule à l'arme.

3 **1.** *Coup raccourci*—ARME (fig. 17 et 18).

48. Lancer vivement l'arme en arrière avec la main gauche qui viendra se placer près de l'embouchoir, l'avant-bras gauche touchant le corps, la main droite saisissant l'arme à la capucine, tendre le jarret droit, allonger vivement le bras gauche de toute sa longueur en pointant, reprendre la garde.

1. *Coup de mêlée*—ARME (fig. 19).

49. Faire sauter l'arme avec les deux mains en l'élevant à hauteur et à 10 c. du menton, la saisir aussitôt à la capucine avec la main droite en dehors, et à la grenadière avec la main gauche en dedans, pointer et tendre le jarret droit ; imprimer à l'arme un mouvement de rotation dans la main droite avec la main gauche qui abandonne l'arme pour la ressaisir en avant de la droite, celle-ci allant se placer à la poignée, reprendre la garde.

50. On peut, après avoir pointé, donner un coup de crosse en assommoir.

QUATRIÈME LEÇON.

MOUVEMENTS COMPOSÉS.

Parades et ripostes.

3	Tierce parez et pointez —	
3	Quarte parez et pointez —	
3	Prime parez et pointez —	
3	Seconde parez et pointez —	
4	Tierce et quarte parez, quarte pointez —	
4	Quarte et tierce parez, tierce pointez —	
4	Prime et seconde parez, seconde pointez —	
4	Seconde et prime parez, prime pointez —	ARME.
4	Prime et tierce parez, tierce pointez —	
4	Seconde et quarte parez, quarte pointez —	
4	Seconde et tierce parez, tierce pointez —	
6	De crosse parez et frappez —	
6	De crosse parez, coup raccourci —	
3	De crosse parez, quarte pointez ou sabrez —	
5	Corps et tête parez, coup de mêlée —	

CINQUIÈME LEÇON.

Mouvement en avant, un coup,
Mouvement en arrière, une parade.

RÈGLES GÉNÉRALES.

51. Les coups se portent de pied ferme et après un mouvement en avant.

52. Les parades se font de pied ferme et après un mouvement en arrière.

53. On exécute indistinctement un coup ou une parade après les mouvements de : Face à droite ou à gauche, demi-tour à droite ou à gauche, un pas à droite ou à gauche.

54. Les commandements relatifs aux jambes doivent toujours précéder ceux des bras.

55. Un commandement ne doit comprendre qu'un mouvement de jambes avec un coup et une parade ; ou, avec une parade et une riposte.

2 Développez, allongez — MARCHE.

4 Un pas en avant — glissez —
2 Un pas en arrière, prime parez — } MARCHE.

4 Double-passe en avant, 1 glissé en arrière (1)—
6 Double-passe en arrière, de crosse parez — } MARCHE.

6 Double-passe en avant, coup lancé —
Saut en arrière { 2   seconde parez —
            { 3   ou corps et tête parez — } MARCHE.

(1) Mouvement de l'art. 40.

SIXIÈME LEÇON.

Mouvement en avant, coup et parade.
Mouvement en arrière, parade et riposte.

3 Développez, allongez, tierce parez — (1)   MARCHE.

5 Un pas en avant, glissez, quarte parez —
4 Un pas en arrière, quarte parez et pointez — } MARCHE.

5 Double-passe en avant { tierce ou quarte } parez, (2) coup raccourci —

Double-passe en arrière {
7 de crosse parez et frappez —
7 de crosse parez, coup raccourci —
4 de crosse parez, quarte pointez ou sabrez —
} MARCHE.

5 Double-passe en avant, glissez, prime parez —

Saut en arrière {
3 seconde, parez et pointez —
5 corps et tête parez, coup de mêlée —
} MARCHE.

56. Après les mouvements de : face à droite ou à gauche, demi-tour à droite ou à gauche, un pas à droite ou à gauche, on peut exécuter indistinctement les coups et parades ou les parades et ripostes de la leçon ci dessus.

57. Lorsque les élèves ont bien compris l'enchaînement de mouvements de ces trois dernières leçons, chacun d'eúx peut les varier et en créer en se conformant aux principes.

(1) La parade se fait en se relevant.

(2) Cette parade n'est à proprement parler qu'une pression de fer pour l'écarter.

58. Tout sous-officier ou caporal peut en quinze séances d'une heure et demi, apprendre la leçon figurative et la leçon au plastron, et savoir les démontrer ; ce même temps suffit pour que les soldats sachent les exécuter.

Salut — MARCHE. (fig. 20 et 21.)

59. Etant au port d'arme de sous-officier, se mettre en garde et engager le bout de la bayonnette en quarte : faire deux appels, se relever en portant le talon droit contre le gauche, les pieds formant un angle droit, redresser en même temps l'arme contre l'épaule droite, le bras gauche sur la poitrine, la main à hauteur de l'épaule ; saluer à droite en présentant l'arme de ce côté, c'est-à-dire en tournant la baguette à droite, l'arme perpendiculaire vis-à-vis l'épaule, tourner en même temps la tête à droite ; saluer à gauche par un mouvement semblable de l'arme et de la tête ; rapporter l'arme vis-à-vis le milieu du corps pour saluer son adversaire en abaissant un peu les deux mains ; se remettre en garde et faire deux appels.

DEUXIÈME PARTIE.

LEÇON AU PLASTRON.

RÈGLES PARTICULIÈRES.

60. On suit à la leçon au plastron la même progression qu'à la leçon figurative.

61. Afin d'obtenir une exécution plus prompte, le pas en avant et le pas en arrière se font au commandement de : *Marchez, rompez ;* pour les autres mouvements des bras et des jambes on supprime le commandement de : *Arme*, et de : *Marche.*

62. Lorsqu'on a fait exécuter les parades séparément, on les fait réunir successivement par deux, trois, quatre, cinq et six de suite.

63. A la leçon au plastron le développement accompagne

toujours l'allongement, le glissé de l'arme, les coups de tierce, quarte, prime et seconde.

64. Les coups de crosse, raccourcis et de mêlée, se portent ordinairement de pied ferme et après une parade ; quand on donne le coup raccourci on pointe trois fois.

65. On ne doit riposter par l'allongement, le glissé de l'arme ou le coup lancé après la parade de quarte ou de prime, que lorsque la bayonnette de l'adversaire a été fortement écartée de la ligne de quarte, sans quoi on se découvre.

66. Le coup lancé ne doit être employé contre le fantassin qu'avec la plus grande circonspection, parce que, s'il est paré, on reste à la merci de son adversaire ; on ne doit jamais se fendre en le portant.

67. Quand on porte le coup de crosse, si l'on est engagé en tierce la bayonnette doit passer sur l'épaule droite ; si l'on est engagé en quarte, sur l'épaule gauche.

CHARGE A LA BAYONNETTE PAR PELOTON.

68. Deux pelotons sur trois rangs (ou sur deux) étant au port d'armes, en face l'un de l'autre, à 40 ou 50 mètres de distance, l'instructeur se place vis-à-vis l'intervalle qui les sépare et commande :

    1. *Préparez-vous à charger* *
    2. *Chargez* (ou il fait battre la charge).

---

* L'instructeur indiquera si c'est au pas accéléré ou au pas de charge.

69. Au premier commandement les hommes abattent l'arme à demi dans la main gauche, qui reste à hauteur et près du téton gauche, la main droite à la hanche droite.

Au commandement de : *Chargez* (ou *à la batterie*) les deux pelotons marchent l'un sur l'autre ; près de se joindre, ils croisent la bayonnette, s'abordent franchement et cherchent à s'enfoncer. Sans s'arrêter aux ruses de l'escrime, chaque homme attaque vigoureusement son adversaire et fait tous ses efforts pour le mettre hors de combat : s'il y parvient, il évite d'avoir, l'instant d'après, deux adversaires au lieu d'un, le vainqueur venant en aide à son voisin.

70. Au commandement de : *Cessez* (ou *au roulement*) les hommes redressent leur arme et se portent en arrière au commandement de l'instructeur.

OBSERVATION.

71. L'avantage pris par un peloton dans un premier élan grandit rapidement et amène bientôt la défaite du peloton opposé. L'animation des hommes allant toujours croissante, on ne les laisse aux prises que quelques secondes.

MANIÈRE DE COMBATTRE UN CAVALIER.

72. Le fantassin exercé au tir et à l'escrime à la bayonnette attend de pied ferme le cavalier qui charge sur lui. Il met son adversaire en joue, l'y tient jusques à six ou huit mètres de distance, fait feu, et, s'il n'y est déjà, prend rapidement la gauche du cavalier, alors que celui-ci ne peut plus détourner son cheval. Le fantassin doit toujours conserver cette position, la moins avantageuse pour le cavalier, qui n'a pas autant de facilité pour manier son arme à gauche qu'à droite.

73. Un bon tireur ajuste l'homme; celui qui est moins sûr de son coup tire sur le cheval et se précipite sur le cavalier au moment de sa chûte : il peut alors remporter une victoire facile.

74. Cependant un homme agile, confiant dans son arme, tout en mettant son adversaire en joue, conserve son feu ; il se sert de sa bayonnette d'abord, et ne lâche son coup, avec certitude, sur le cavalier, que lorsque celui-ci l'a dépassé ; ou plus tard, lorsqu'il juge nécessaire de mettre fin au combat.

75. Si le cavalier est armé d'un sabre, comme il ne peut atteindre à deux mètres, le fantassin, en se plaçant à cette distance, ne s'occupe que de lui porter au passage le coup lancé avec lequel il peut le frapper à près de trois mètres : autant que possible, il continue le combat de cette manière; mais, si le cavalier est à portée de le sabrer, il pare tierce et quarte en opposant l'arme verticalement, à peu près dans la position indiquée pour le salut, ayant soin d'abaisser l'arme et d'effacer les doigts de la main gauche derrière le canon. Il couvre sa tête avec la parade indiquée *fig*. 9 et riposte par le coup représenté *fig*. 22, ou par le coup lancé qui est le plus usité contre la cavalerie.

76. Si le cavalier est armé d'une lance, les deux adversaires peuvent atteindre à la même distance ; le fantassin doit alors éviter le premier choc et tout coup qui participe de la vitesse acquise par l'impulsion du cheval; qu'il se trouve placé sur la droite ou sur la gauche du cavalier, il doit, en parant, jeter l'arme dans le sens du mouvement du cheval. Lorsqu'il a détourné l'arme de son adversaire

caracolant autour de lui, il s'en rapproche vivement et multiplie ses attaques. Le lancier, serré de près, éprouve une grande difficulté à parer et à riposter.

77. Les armes à feu du cavalier sont peu redoutables ; il ne s'en sert guères que comme signal pour annoncer l'ennemi ou comme dernière ressource.

78. Le fantassin qui a pris part ou qui a assisté à un engagement avec un cavalier est bientôt convaincu de la supériorité de ses moyens, et ne se laisse nullement intimider par la charge impétueuse de son adversaire.

79. Un cavalier habile qui parviendra à faire perdre le sangfroid à un fantassin aura sur lui l'avantage ; mais si celui-ci reste calme, ayant son fusil chargé, il peut venir à bout d'un, et même de deux cavaliers.

MATÉRIEL.

80. Le matériel se compose de plastrons, masques, gants, fusils ordinaires et fusils de bois, bayonnettes et tampons de fusils en gutta-percha ; par régiment, un sabre de cavalerie et une lance préparés comme les bayonnettes.

Afin de se procurer ces objets de première qualité et avec une grande économie, les corps pourraient les faire confectionner eux-mêmes, en tout ou en partie, comme cela a été pratiqué à l'Ecole Normale de Gymnastique (Redoute de la Faisanderie, près Paris).

Prix approximatifs des Matières et de la Main-d'œuvre.

		MATIÈRES.	FAÇON OU POSE.	TOTAL.
		fr. c.	fr. c.	fr. c.
Plastron..	Buffle, Étoupes, Toile, Boucles.....	4 50		
	Façon.	.....	1 »	5 50
	Les flancs du buffle servent à faire des crispins aux gants.			
Gant......	Intérieur en chamois très-fort, garni en crin....................	1 50		1 60
	Intérieur en basane, extérieur en chamois, garni en crin..........	2 »		2 10
	Celui-ci est bien préférable pour l'usage.			
	Pose du crispin...................	.....	» 10	
Masque... (1)	Très-fort, avec galerie et oreilles...	5 85		
	Peau verte, Étoupes pour garnir la galerie et les oreilles, mettre un coussinet sous le ressort..........	1 »		
	Façon..........................	.....	» 25	7 25
Fu il.....	En bois de frêne, extrémité préparée pour recevoir la bayonnette, Tenon en fer, Rondelle, Vis, Goupille et Façon	1 50	» 75	2 25
Bayonnette	Lame coupée à 6 c. du coude, allongée à 12 c., entée d'une tige en baleine, recouverte de gutta-percha.	2 50		2 50
Tampon ..	En gutta-percha, servant à couvrir l'embouchure du canon..........	» 25		» 25
	Ce tampon peut être en bois, surmonté d'une rondelle en buffle.			

81. Le fusil de bois sert à diminuer la fatigue de l'instructeur et à conserver l'arme de l'élève.

82. Pour répandre plus facilement l'instruction il serait à désirer que chaque compagnie eût son matériel, afin de

(1) Chez TACHY, rue de Beaune, 39.

pouvoir toujours se suffire et utiliser le temps dans les dé-
tachements.

Ce matériel coûterait environ 50 francs à établir ; 15 francs
par an suffiraient ensuite pour l'entretenir.

Les bayonnettes en gutta-percha sont confectionnées chez
MM. LEVERD et Ce, brevetés, 218, faubourg St-Martin.

ÉPINGLETTE D'HONNEUR.

83. Par analogie avec ce qui se pratique dans le tir on
pourrait donner, comme prix, quelques épinglettes d'hon-
neur aux hommes qui atteindraient une grande habileté dans
l'escrime à la bayonnette.

Ce stimulant, bien efficace et bien constaté sur l'émula-
tion des élèves, donnerait les meilleurs résultats.

Les hommes parvenus à tirer tout le parti possible de
leur fusil, soit comme arme de jet, soit comme arme de
main, recevraient ainsi une récompense identique (*Voir le
modèle*).

ON TROUVE

A LA LIBRAIRIE MILITAIRE DE BLOT.

Règlement sur le Service des places (1).......................... 1 25
   — sur le Service Intérieur (1)............................. 1 50
   — sur le Service en campagne (1)......................... 1 25
Cours d'administration pour commandant de comp., par GOUVOT. 3 »
   — pour sous-officier, par le même......... 1 25
   — pour officiers et sous-officiers, par le
      général HUSSON....................... 1 »
Manuel administratif, 2 vol. in-12, par GOUVOT et BLOT....... 5 »
Manuel des Conseils d'enquête, par GOUVOT.................... » 50
Manuel de Recrutement, par le même........................... 3 »
Cahier de Modèles d'états, situations, etc.................... 6 »
Ecole de Soldat et de Peloton, avec planches (1)............... 1 »
Ecole de bataillon, avec album des planches à la gauche (1)... 1 59
Évolutions de ligne,   id.   id.   (1)... 2 »
Ecole à la bayonnette, en usage aux chasseurs à pied .... » 20
Instruction pratique de la natation dans l'armée, par M. D'ARGY. » 60
Instruction complète sur la Gymnastique...................... 1 25
Atlas des 24 planches de cette instruction................... 2 50
Album des Évolutions de ligne, in-4, par BILFELO............. 5 »
   —   —   — in-16, par HIRIART............. 1 25
Album de l'Ecole de bataillon, in-16, par le même............ 1 25
Tableau synoptique de l'Ecole de bataillon, grand in-4., par le
   même... 2 50
Décret du 24 messidor an XII, sur les honneurs et préséances.. » 50
Règlement sur la solde et les revues suivi des tarifs en vigueur. 2 50
Mémoires du Colonel COMBE, sur les Campagnes de Russie, de
   Saxe et de France. — 1 beau vol. in-18, de 324 pages... 5 »
Livret de section à feuillets mobiles, couvert en percaline..... 2 50
   —   — ordinaire, couvert en percaline............ 1 25
Livret de demi-section à feuillets mobiles, couv. en percaline. 2 25
   —   — ordinaire, couvert en percaline............ 1 »
   —   —   — couvert en papier imprimé..... » 75
Livret de caporal... » 40

(1) Relié, couvert en jolie lustrine et portant le titre en lettres dorées.

NOTA. Toute commande au-dessus de 50 francs sera expédiée *franco*.

PARIS. — TYP. BÉAULÉ ET Cᵉ, R. J. DE BROSSE, 10.

9 782329 648422